木兰拳

全民健身项目指导用书

吕强 ◎ 主编

吉林出版集团股份有限公司　全国百佳图书出版单位

图书在版编目（CIP）数据

木兰拳 / 吕强主编. -- 2 版. -- 长春：吉林出版集团股份有限公司, 2010.2 (2024.8 重印)
全民健身项目指导用书
ISBN 978-7-5463-2356-5

Ⅰ. ①木… Ⅱ. ①吕… Ⅲ. ①拳术 – 基本知识 – 中国 Ⅳ. ①G852.19

中国版本图书馆 CIP 数据核字(2010)第 028350 号

全民健身项目指导用书

木兰拳

MULANQUAN

主　　编	吕　强	
责任编辑	黄　群　杜　琳	
封面设计	吕宜昌	
开　　本	650mm×960mm　1/16	
印　　张	6	
字　　数	30 千	
版　　次	2010 年 2 月第 2 版	
印　　次	2024 年 8 月第 4 次印刷	
出版发行	吉林出版集团股份有限公司	
地　　址	吉林省长春市福祉大路 5788 号	
邮　　编	130000	
电　　话	0431-81629968	
电子邮箱	11915286@qq.com	
印　　刷	三河市金兆印刷装订有限公司	
书　　号	ISBN 978-7-5463-2356-5　　定　价　33.00 元	

版权所有　翻印必究
如有印装质量问题，请寄本社退换

序言

自1995年我国政府推出《全民健身计划纲要》以来，我国群众性体育活动蓬勃发展，取得了显著的成绩。2008年，举世瞩目的北京奥运会的成功举办，极大地激发了亿万人民群众的体育热情，增强了全社会的体育意识，营造了浓厚的全民健身氛围。面对这样的可喜局面，群众体育科研、教学工作者应义不容辞地为社会实践服务，从不同角度思考，如何使普通百姓通过简而易行的身体锻炼方式、方法和手段达到良好的健身效果，达到拥有健康的目标，从而享受生活、享受快乐人生。该书系就是在这样的思想指导下诞生的。

本书系能够顺应国家体育的大政方针，掌握时代脉搏，对指导大众健身，使大众掌握健身方法和手段有很好的促进作用。

本书系图文并茂，实用性强，分为球类运动、体操健身运动、传统武术、冰雪运动、水上运动、体育舞蹈、休闲运动、格斗运动、民间体育活动和极限运动等十大类项目，计100分册，按照统一的体例，力争有所创新。每册的具体内容为该项目的起源与发展、运动保健、基本技术、运动技巧、比赛规则等,使读者在学习过程中,不仅能够学会运动健身的方法,同时还能够学到保健方面的基本知识。

经国务院批准,自2009年起,将每年的8月8日定为"全民健身日"。《全民健身项目指导用书》的出版,必将为开展全民健身活动起到积极的推动和指导作用。

目录 CONTENTS

第一章 概述
第一节 起源与发展/002
第二节 场地和装备/004

第三章 基本技术
第一节 基本手形/026
第二节 基本步形/032
第三节 基本腿法/039

第二章 运动保健
第一节 自我身体评价/006
第二节 运动价值/010
第三节 运动保护/014

目录 CONTENTS

第四章 28式木兰拳
第一节 预备势/046
第二节 套路动作/046
第三节 收势/081
第四节 套路线路图/083

第五章 比赛规则
第一节 比赛方法/086
第二节 裁判方法/087

第一章 概述

木兰拳是在传统"木兰花架拳"基础上,吸取部分舞蹈、体操动作而创编成的轻柔健美、具有时代气息的新的武术健身运动项目,被国家体委中国武术院正式认可为中国武术的第130种新拳种。

第一节 起源与发展

木兰拳以美著称,融中国武术之刚健和现代健美操之柔和为一体,是全民健身的首推项目之一。它是顺应了社会需求和历史发展潮流而诞生的,是以套路为表现形式的新型拳种。

起源

木兰拳缘起于20世纪70年代初上海街心公园的一个民间自发健身小组。它的创始人杨文娣酷爱武术,在花架拳部分套路动作的基础上,把木兰舞台造型、太极拳的动作特点和体操基本功等融入其中,创编了民间木兰花架拳。后其弟子应美凤在实践中对木兰花架拳进行了改编,以吐纳之道和阴阳二气合理运动为理论依据,动静结合,在动的过程中,让思想随着优雅的音乐意守拳路而自然入静,使木兰拳既有太极拳的功架,又有舞蹈之柔美。

发展

近年来,木兰拳习练人群不断壮大,并且已经由民间自发走向规范化的发展道路,成为全民健身运动的有机组成部分。

传播

木兰拳运动传播迅速,尤其在江浙一带广泛普及。木兰拳协会、木兰拳研究会等民间健身社团纷纷成立,并经常组织大、中、小型的表演和比赛,还参与了大型运动会的开幕式等活动。

随着木兰拳运动在民间的迅速普及,国家体育总局为使其更快、更好、更科学地发展,武术运动管理中心将这项民间体育健身运动项目列为中华武术新的运动项目,并委托有关专家编写了《木兰拳二十八式》和《木兰拳竞赛规则》等。

1999年5月,在浙江省台州市举行了全国木兰拳规定套路比赛。1999年10月,国家体育总局武术运动管理中心组织有关专家对木兰拳规定套路和竞赛规则进行审议修改,使修改后的竞赛规则更趋于严谨、科学,便于操作,同时出版发行了《木兰拳规定套路》和《木兰拳竞赛规则》,并摄制成教学录像带和VCD影碟教材,便于推广普及。此后,在国家体育总局武术运动管理中心的统一指导下,木兰拳运动更加科学和规范地蓬勃发展起来。

近几年,木兰拳运动不仅在国内广为流传,而且在世界上也引起了反响。澳大利亚、新加坡、马来西亚、日本和越南等许多国家和地区刮起了一股木兰拳风,各地纷纷成立木兰拳协会等组织或社团,开设培训班,使木兰拳运动在世界各地得到发展。

发展趋势

木兰拳吸取了民族传统舞蹈和民间健身拳操的部分精华,继承了太极拳的传统风格特点,又融合了民间艺术特色,从而既能适应广大群众强身健美的心理需要,又能营造一种轻松欢娱的氛围,因而深受广大群众的喜爱,尤其备受中老年女性的青睐。

第二节 场地和装备

木兰拳运动对场地和装备有一定的要求。高质量的场地能够为运动提供安全保障，良好的装备是运动参与者较高水平发挥的必要保证。

木兰拳初学者最好在体育馆或武术馆内的比赛场地练习。

比赛场地为长14米、宽8米的长方形；应铺设地毯，以防止运动损伤。

练习木兰拳时，最好穿专业的武术服和武术鞋，这样既有利于动作的舒展和美感，又可避免不必要的运动损伤。

（1）女子为中式半开门小褂（长袖或短袖自定），5对中式直袢，男子为中式对襟小褂（长袖或短袖自定），7对中式直袢；

（2）中式裤，西式腰，立裆要适宜（见图1-2-1）；

（3）比赛和练习时，常穿以羊皮制成的或帆布制面、软胶制底的武术表演专用鞋（见图1-2-2）。

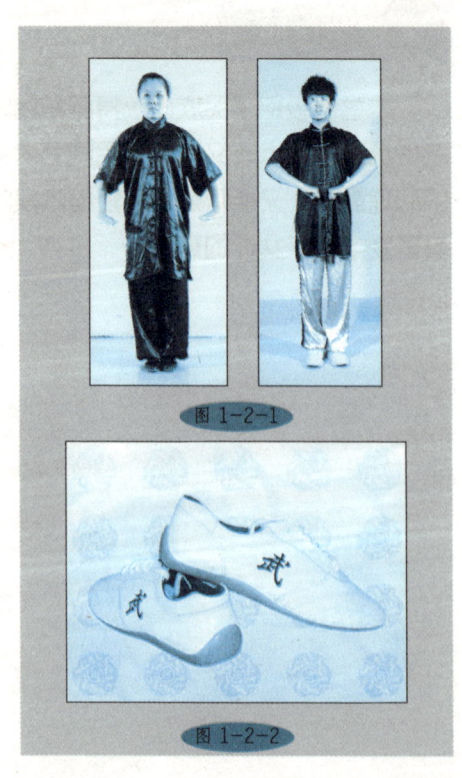

图1-2-1

图1-2-2

第二章 运动保健

体育运动对增强体质、预防疾病和促进健康具有良好的作用。但是,并非所有人从事相同的运动都会达到同样的效果。对于同一种运动负荷,不同人机体的反应差异是很大的,即使同一个体,在不同时期、不同机能状态下,对同一负荷的反应及效果也是不一样的。因此,对于不同个体,应制定适合其机能需要的运动强度、时间、频率和持续周期。从事体育锻炼一定要讲究科学性,使机体最大限度地获得运动价值,使某些疾病得到有效的防治。

第一节 自我身体评价

自我身体评价是指根据个体的不同情况以及简单的功能评定标准，对锻炼者进行身体评价，并以此为依据，确定具体的锻炼内容。

适宜人群

体适能是全身适应性的一部分，是人体精神和体力对现代生活的适应能力。为了促进健康，预防疾病，提高生活质量和工作学习效率，几乎所有人都可以追求健康的体适能，而且经过简单的评价和测试，均可以成为目标人群，即适宜人群。

健康体适能评价标准

健康体适能是指身体有足够的活力和精力处理日常事务，而不会感到过度疲劳，并且还有足够的精力去享受休闲活动和应对突发事件。

健康体适能是确定锻炼者是否为运动适宜人群的主要依据。目前的评价标准主要包括国民体质测定标准、学生体质测定标准和普通人群体育锻炼标准等。

国民体质测定标准主要包括形态指标、机能指标和素质指标 3 个部分，各项指标的测定结果均为 1~5 分，共 5 个级别。凡各项指标达不到 4 分或 5 分者，均应被纳入健身人群。

学生体质测定标准分为优秀、良好、及格和不及格 4 个级别。优秀水平以下者，均应被纳入健身人群。

普通人群体育锻炼标准分为 5 个级别，凡达不到 4 分或 5 分者，均应纳入健身人群。

简易运动功能评定

简易运动功能评定的目的在于确定运动对象有无运动禁忌症或临时运动禁忌的情况,即是否适合参加体育锻炼,以达到防备万一,避免意外事故发生的目的。目前通行的方式是3分钟踏台阶测试。

目的

测试锻炼者运动后心率恢复的情况,以评估其心肺功能。

器材 见图2-1-1

30厘米高的长凳、节拍器、秒表和时钟。

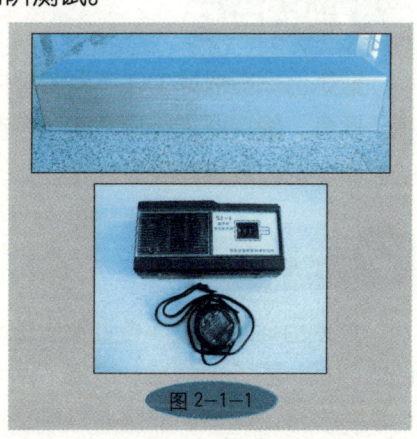

图 2-1-1

步骤 见表2-1-1

(1)节拍器设定为每分钟96次,锻炼者依"上上下下"的节拍运动3分钟。

(2)锻炼者完成3分钟踏台阶后,5秒钟内开始测量其脉搏,时间为1分钟,记录其心率,并依据下表评价其功能水平。

(3)运动后心率越低,证明其心肺功能越好。在运动强度允许的范围内,锻炼者可选择运动强度的较高值来进行运动。

表 2-1-1　3分钟台阶测试评价表

	年龄(岁)	欠佳(次)	尚可(次)	一般(次)	良好(次)	优异(次)
男士	18~25	>115	105~114	98~104	89~97	<88
	26~35	>117	107~116	98~106	89~97	<88
	36~45	>119	112~118	103~111	95~102	<94
	46~55	>122	116~121	104~115	97~103	<96
	56~65	>119	112~118	102~111	98~101	<97
	65+	>120	114~119	103~113	96~102	<95
女士	18~25	>125	117~124	107~116	98~106	<97
	26~35	>128	119~127	111~118	98~110	<97
	36~45	>128	118~127	110~117	102~109	<101
	46~55	>127	121~126	114~120	103~113	<102
	56~65	>128	118~127	112~117	104~111	<103
	65+	>128	122~127	115~121	101~114	<100

注意事项

如受试者经过努力仍无法完成测试，或出现头晕、胸闷、出冷汗等症状，应终止测试。运动中应特别考虑运动强度，以防出现意外。

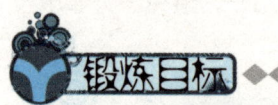

锻炼目标应根据个体不同的身体状况来确定，可分为近期目标和远期目标。此外，确定锻炼目标还应结合锻炼者的运动意向、愿望和兴趣以及本人的健康状况、疾病程度等因素。

近期目标

近期目标是指锻炼者近期应达到的目标。在进行运动之前，应首先明确锻炼目标，即近期目标。选择一两个健康体适能构成要素，作为未来两个月内努力完成的目标，而且应从成功概率较高的构成要素开始，并将预期两个月后要达到的目标做上记号，如提高某个或某些关节的活动幅度，增强某个肌肉群的力量等。

远期目标

远期目标是指锻炼者最终要达到的目标。实践证明，经过科学合理的锻炼后，锻炼者是可以达到一般的远期目标的，如提高心肺功能，使其达到优秀的等级，或达到降血脂、防治高血压和冠心病的目的等。

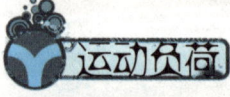

运动负荷即运动量。怎样控制运动量，合适的运动时间是多少等，一直是人们争论不休的问题。但有一点是可以肯定的，那就是任何有关身体活动的意见和建议，都需要综合考虑锻炼者的身体状况和所要达到的目标，并以此为依据来制订科学的身体锻炼计划。

运动强度

运动过程中，运动强度过小，达不到锻炼的效果；运动强度过大，不仅达不到最佳的锻炼效果，还可能产生一些副作用，甚至出现意外事故。确定运动强度有两种方法。

心率简易推测法

（1）年龄在 20 岁左右的年轻人，身体健康，能坚持体育锻炼，欲进一步提高身体机能，可取最大心率值（最大心率值 =220－年龄）的 65%～85%。

（2）年龄在 45 岁以下，身体基本健康，有运动习惯者，开始进行健身锻炼，可取最大心率值的 65%～80%，没有运动习惯者，开始进行健身锻炼，可取最大心率值的 60%～75%。

（3）年龄在 45 岁以上，身体基本健康，有运动习惯者，开始进行健身锻炼，可取最大心率值的 60%～75%，没有运动习惯者，建议根据自身情况咨询专业人员来指导和确定运动强度。

主观感觉疲劳分级表推测法　见表 2-1-2

运动的疲劳程度大致分为 10 级，具体为：0～1 级，没感觉；2～3 级，尚轻松；4～5 级，稍累；6～7 级，累；8～9 级，很累；10 级，精疲力竭。因此，健身锻炼的运动强度应控制在主观感觉疲劳程度的 4～7 级。

表 2-1-2　主观感觉疲劳分级表

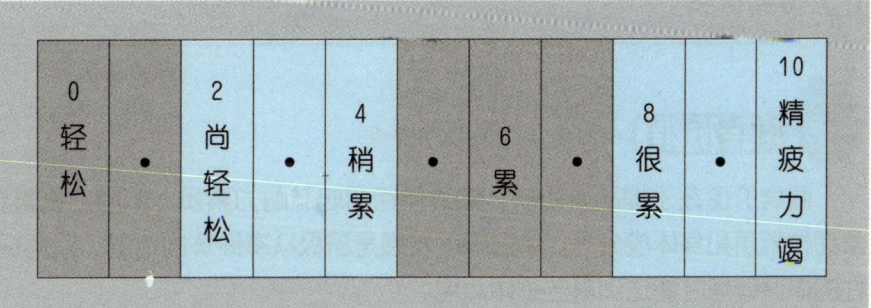

运动频率

运动频率是指每日及每周锻炼的次数。一般每周锻炼 3~4 次，即隔日锻炼 1 次即可。有充足的休息时间，可使身体得到充分的休息，收到更好的锻炼效果。

运动持续时间

运动强度和运动持续时间，决定了一次锻炼的运动量和热量消耗。运动持续时间与运动强度成反比，运动强度大，运动持续时间可相应缩短，运动强度小，则运动持续时间应相应延长。

一般的健身锻炼，运动持续时间以每天 20~60 分钟为宜，其中包括准备活动时间、健身锻炼时间和整理活动时间。每次健身锻炼应在 20 分钟以上，锻炼可一次性完成，也可分段进行，但每段的活动时间应在 10 分钟以上。

第二节 运动价值

运动价值一直是人们探讨的问题，一般认为运动具有两方面的价值，即健身价值和心理价值。身体和精神的健康是相互依存的，伴随着身体功能的改善，精神状况逐渐也能同时得到改善。

健身价值

健身价值在于提高体适能。体适能包括心肺耐力素质、肌肉力量素质、柔韧性素质和身体成分等。体适能的发展是积极从事锻炼的结果，只有规律性的体育锻炼才能达到最佳的体适能。

提高心肺耐力素质

心肺耐力是指全身肌肉进行长时间运动的持久能力，是体内心肺系统对身体各细胞的供氧能力。人体的心脏、肺、血管、血液等组织的功能是心肺耐力的基础，它们与氧气和营养物质的输送以及代谢物的清除有关。健全的心肺功能是健康的基本保证。

系统的体育锻炼，可以使心肌增厚，收缩力加强，心室容积增大，从而使心脏的泵血功能增强，表现为心血输出量增加。

系统的体育锻炼，呼吸系统机能也将得到提高，表现为呼吸肌的力量增强，肺活量、肺通气量明显增加，保证对机体供氧的能力。

系统的体育锻炼，可以促进血管系统的形态、机能和调节能力产生良好的适应力，从而提高机体的工作能力。

系统的体育锻炼，可以使血液系统产生某些适应性变化，如血容量增加、血黏度下降、红细胞膜弹性增强和红细胞变形能力增强等。

提高肌肉力量素质

肌肉力量是指肌肉最大收缩产生的对抗阻力或负荷的能力。肌肉力量只有达到一定的程度，才能克服外界阻力，而克服外界阻力是维持日常生活自理、从事各种劳动和运动的必要前提。

系统的体育锻炼，可以提高肌肉的生理横断面积，可以改善神经系统对肌肉收缩的支配功能，还可以提高肌肉内代谢物质的储备量，使肌肉力量得到提高。

提高柔韧性素质

柔韧性是指人体各关节的活动幅度，即关节的肌肉、肌腱和韧带等软组织的伸展能力。柔韧性对于保证正常生活质量、维持正常体态、预防损伤发生和减轻损伤程度等方面均起到至关重要的作用。

系统的体育锻炼，还可以延缓因年龄因素而导致的柔韧性下降，预防因缺乏运动而导致的关节结构、周围软组织和膝关节肌肉退化，从而使锻炼者的日常生活、劳动和运动等更加充满活力。

改善身体成分

身体成分是指人体体重中的脂肪组织和去脂组织的重量百分比。身体成分中的脂肪成分增加，肌肉成分必然下降。身体中不具备收缩功能的脂肪组织增加，必然导致身体进行各种活动的能力下降，基础代谢水平降低，肥胖症、冠心病、高血压、糖尿病、高血脂等慢性疾病发病率的提高。因此，身体成分是保证人体健康的重要内容之一。

通过系统的体育锻炼，随着锻炼者体质的增强，热量消耗便随之增加，进而燃烧掉体内多余的脂肪，使身体成分得到改善。而身体成分的改善，又可以减少体重对关节可能带来的不利影响，还可以使肥胖者的心理状况得到改善，增强其自信心，使其逐步建立起健康的生活方式。

心理价值

研究证明，有规律的体育锻炼不但可以使锻炼者增强体质、促进身体健康、预防一些慢性疾病，还可以提高锻炼者的生活满意度和生活质量，对其心理健康产生积极影响。

体育锻炼的心理健康效应主要表现在六个方面：

改善情绪状态

短期效应

研究发现，体育锻炼对人的情绪状态具有显著的短期效应。运动后人们的焦虑、抑郁、紧张和心理紊乱等症状会明显减轻，而精力和愉快程度则会明显增强。而且这种情绪的迅速变化，与锻炼者个体的健康状况、活动形式和活动强度等有着直接的联系。

长期效应

体育锻炼对人情绪的长期效应有着直接的影响，与不锻炼者相比，有规律的锻炼者在较长时期内很少会产生焦虑、抑郁、紧张和心理紊乱等情绪。

完善个性行为特征　见表 2-2-1

人们的行为特征一般可以分为两种类型，用 A 型行为特征和 B 型行为特征来表示。A 型行为特征主要表现为性情急躁、争强好胜、容易激动、整天忙碌和做事效率高等。B 型行为特征主要表现为不好竞争、不易紧张、不赶时间、对人随和、喜欢自由自在等。具有 A 型行为特征的人由于过度紧张的情绪反应，会引起内分泌失调，增加心脏病发病的概率。目前的一些研究主要集中在体育锻炼对改变 A 型行为特征的作用方面。研究结果表明，有规律的体育锻炼能明显改变 A 型行为特征。

 表 2-2-1　A、B 型个性行为特征常见表现

A 型行为特征者常见表现	B 型行为特征者常见表现
约会从来不迟到	对约会很随便
竞争意识很强	竞争意识不强
别人要讲话时总爱抢先或插话	是别人讲话时很好的听众
总是匆匆忙忙	即使有压力也从不匆忙
等待时缺乏耐心	能够耐心等待
干事时全力以赴	处事漫不经心
同时想干很多事	在一段时间里只干一件事情
讲话喜欢用加强语气，甚至敲桌子	讲话语速缓慢、不慌不忙
做了好事希望能得到别人的认可	只要自己满意即可，不管别人怎样想
吃饭、走路都很快	做事情很慢
不善与人相处	为人随和
容易暴露自己的感情	能控制自己的感情
具有广泛的兴趣	没什么业余爱好
雄心壮志	满足于目前的工作和学习状况

 确立良好自我概念

自我概念是指个体对自己身体、思想和情感的主观整体评价，它由许多自我认识组成，包括我是什么人、我主张什么和我喜欢什么等。

坚持体育锻炼，可以使锻炼者体格强健、精力充沛、提高驾驭身体的能力，从而改善对自身的满意程度，确立良好的自我概念。

改变睡眠模式

根据脑电图的显示，人的睡眠可以分为两种状态，即慢波睡眠状态和快波睡眠状态。前者为浅度睡眠状态，后者为深度睡眠状态。一夜之间两种睡眠状态会交替发生4~5次。

有规律的体育锻炼不仅对慢波睡眠有促进作用，而且能缩短入眠的潜伏期，并延长睡眠的时间。

改善认知能力

体育锻炼还能改善人的认知过程，避免反应时间过长、注意力不集中和思维混乱等症状的发生，尤其对老年人的认知能力改善效果更为明显。

增加心理治疗效应

体育锻炼被公认为是一种心理治疗的好方法。目前人群中常见的心理疾患是抑郁症和焦虑症。研究发现，体育锻炼是治疗抑郁症的有效手段之一，抑郁症患者经过有规律的体育锻炼，抑郁症状能明显减轻。

体育锻炼还具有治疗焦虑症的作用，通过有规律的体育锻炼，可以使锻炼者的焦虑症状明显改善。

第三节 运动保护

在运动过程中，人体机能会随时发生变化。因此，应针对这种机能变化的特点来进行体育锻炼，也就是我们所说的运动保护。运动保护一般包括运动前准备、运动后放松和自我养护三个方面。

运动前准备

准备活动是指在正式运动之前进行的有目的的身体练习。做好充分的准备活动，可以缩短机体进入最佳状态的时间，同时还可以预防运动损伤的发生，为机体发挥最大的工作效率做好功能上的准备。

准备活动的作用

提高中枢神经系统兴奋状态

（1）使大脑反应速度加快，参加活动的运动中枢神经相互协调。
（2）为正式运动时生理机能达到适宜程度提前做好准备。

提高机体代谢水平

（1）准备活动可以使锻炼者体温升高，降低肌肉黏滞性，使肌肉的伸展性、柔韧性和弹性增强，从而有效预防运动损伤的发生。
（2）准备活动可以增强体内代谢酶的活性，使物质代谢水平提高，以保证运动时有较充分的能量供应。

克服内脏器官生理惰性

（1）准备活动可以提高心血管系统和呼吸系统的机能水平，使肺通气量及心血输出量增加。
（2）可以使心肌和骨骼肌的毛细血管扩张，使其工作肌获得更多的氧，从而克服内脏器官的生理惰性，使之尽快达到最佳状态。

增加皮肤毛细血管的血流量

准备活动可以使皮肤毛细血管的血流量增加，运动后毛细血管扩张，有利于散热，降低体温，有效防止开始正式活动时由于体温过高而影响运动能力。

准备活动要求

准备活动时间

（1）准备活动的时间可以根据运动项目的具体情况确定，一般以10～30分钟为宜。
（2）准备活动与正式运动的间隔时间，一般以不超过15分钟为宜，可以在做完准备活动后立刻进行正式运动。

准备活动强度

（1）准备活动的强度和量应较正式运动小，以免引起不必要的疲劳。

（2）准备活动的量可以由心率来决定，心率以100～120次／分为宜。

准备活动内容

一般性准备活动

一般性准备活动的内容多以伸展运动开始，然后进行一般性的跑步、徒手体操等活动。

下面介绍一套常用的一般性准备活动操，供锻炼者运动前使用。这套活动操主要包括头部运动、肩部运动、扩胸运动、体侧运动、体转运动、髋部运动和踢腿运动等。

头部运动

头部运动的动作方法（见图2-3-1）：两手叉腰，两脚左右开立，做头部向前、向后、向左、向右，以及绕环运动。

图2-3-1

肩部运动

肩部运动的动作方法（见图 2-3-2）：手扶肩部，屈臂向前、向后绕环，以及直臂绕环。

扩胸运动

扩胸运动的动作方法（见图 2-3-3）：屈臂向后振动及直臂向后振动。

体侧运动

体侧运动的动作方法（见图 2-3-4）：两脚左右开立，一手叉腰，另一臂上举，并随上体向对侧振动。

体转运动

体转运动的动作方法（见图 2-3-5）：两脚左右开立，两臂体前屈，身体向左、向右有节奏地扭转。

髋部运动

髋部运动的动作方法（见图 2-3-6）：两脚左右开立，两手叉腰，髋关节放松，向左、向右 360 度旋转。

图 2-3-2

图 2-3-3

运动保护

踢腿运动

踢腿运动的动作方法(见图 2-3-7):两臂上举后振,同时一腿向后半步,重心置于前腿,两臂下摆后振,同时向前上方踢腿。

图 2-3-4

图 2-3-5

图 2-3-6

图 2-3-7

专门性准备活动

专门性准备活动的动作方法、节奏和强度等与正式锻炼相似,目的是使人体主要肌群在运动前得到动员,为正式锻炼做好准备。

运动后放松是指运动之后所进行的一些能够加速机体功能恢复的、较轻松的身体活动。与运动前准备活动相反,其目的是使锻炼者的生理机能水平逐步得到恢复。

放松方法

运动性手段

(1)运动结束后,锻炼者可采用变换运动部位的方法来消除疲劳,如上肢出现疲劳时可做一些慢跑运动,下肢出现疲劳时可做一些上肢运动。

(2)转换运动类型也是一种不错的放松方法,如打羽毛球出现疲劳时,可从事瑜伽运动来达到放松的目的。

(3)还可以用调整运动强度的方法来缓解疲劳,如可以在放松过程中,采用小强度的轻微运动方法等。

整理活动   见图 2-3-8

(1)整理活动是指运动后所做的一些能够加速机体功能恢复的身体活动,如剧烈运动后进行 3~5 分钟慢跑或其他整理活动,使身体机能得以恢复。

(2)剧烈运动后如不做整理活动而骤然停止动作,会影响氧气的补充和静脉血的回流,使机体血压降低,引起不良反应。

图2-3-8

注意事项

（1）在进行整理活动时动作应缓慢、放松，运动量不要过大，否则会引起新的疲劳。

（2）在进行整理活动时，应当保持心情舒畅、精神愉快。

自我养护

锻炼后，锻炼者感觉身体疲劳是一种正常的生理现象，是体育锻炼过程中的正常反应，随着体育锻炼时间的延长，疲劳症状会自然消失。运动性疲劳出现后，锻炼者如果采用一些自我养护措施，可以加速身体机能的恢复，尽快消除疲劳，提高锻炼效果。常见的自我养护方法主要包括运动后休息、合理营养和物理手段等三种。

运动后休息

静止性休息 见图2-3-9

（1）静止性休息是指锻炼者运动后保持机体相对的静止状态，以促进身体机能的恢复，尽快消除疲劳。

（2）静止性休息的最佳方式之一是睡眠，特别是刚开始从事锻炼者，身体不适应或疲劳症状明显时，更应该保证足够的睡眠，否则，锻炼者虽然积极参加了体育锻炼，但收效甚微，甚至会导致过度疲劳症状的发生。

（3）静止性休息更适合于消除全身运动导致的整体疲劳症状。

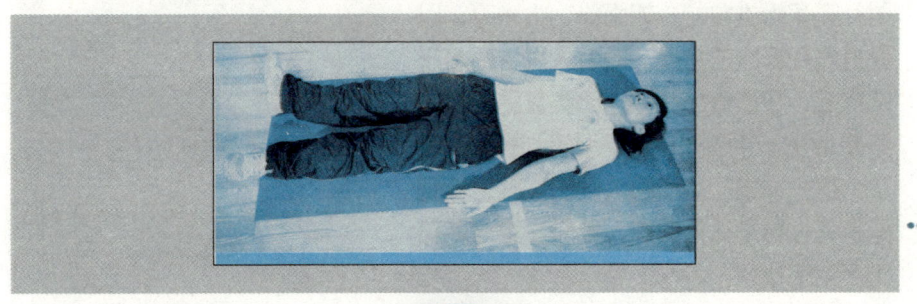

图 2-3-9

积极性休息　见图 2-3-10

（1）积极性休息更适合由于少量肌肉群参与工作而导致的局部疲劳，或运动强度较大而导致的快速疲劳。

（2）积极性休息可以加速血液循环，有利于代谢物排出体外，对促进身体机能的恢复具有明显的效果。

图 2-3-10

 合理营养 见图2-3-11

图2-3-11

小强度、长时间的运动形式，主要是靠糖原的有氧代谢提供能量。运动后应及时补充淀粉类食物，如面粉、大米等，以促进消耗糖原的合成。随着人民生活水平的提高，在饮食结构中，肉类食品的比重不断增加，而淀粉类食品的比重逐渐减少，这一现象应当引起人们的注意，特别是老年人参加体育锻炼，更应注意对淀粉类食物的补充。

强度较大、时间又相对较长的运动形式，主要是靠糖原的无氧代谢提供能量。这样，糖原无氧代谢产物——乳酸便会在体内大量堆积。因此，运动后应多补充蔬菜、水果等碱性食品，以加速乳酸的清除，达到尽快消除疲劳的目的。

 物理手段

※ 按摩及牵拉 见图2-3-12

（1）通过刺激神经末梢、皮肤结缔组织和毛细血管的按摩方法，可以使紧张的肌肉得以放松，从而改善局部组织和全身的血液循环，达到促进身体机能恢复的目的，这种方法可以在锻炼后马上进行。

（2）此外，还可以采取缓慢牵拉肌肉的方法，使收缩的肌肉得到充分的伸展放松。

※ 水疗及电疗

（1）水疗包括芬兰式蒸汽浴、热水浴和桑拿浴等多种形式，主要作用是通过提高体温，促进血液循环，清除代谢物，以达到尽快消除疲劳、恢复体力的目的。

（2）水疗的时间一般以不超过30分钟为宜，如果时间过长，会进一步消耗体力，严重时甚至会出现暂时性脑缺血现象。

（3）如果条件允许，还可对疲劳的肌肉进行低频治疗。低频治疗仪的原理是模拟针灸疗法，使用时将电极用不干胶对称地粘贴在运动部位表皮上。这种疗法可以促进局部血液循环，改善组织代谢，缓解肌肉酸痛，消除疲劳。

图 2-3-12

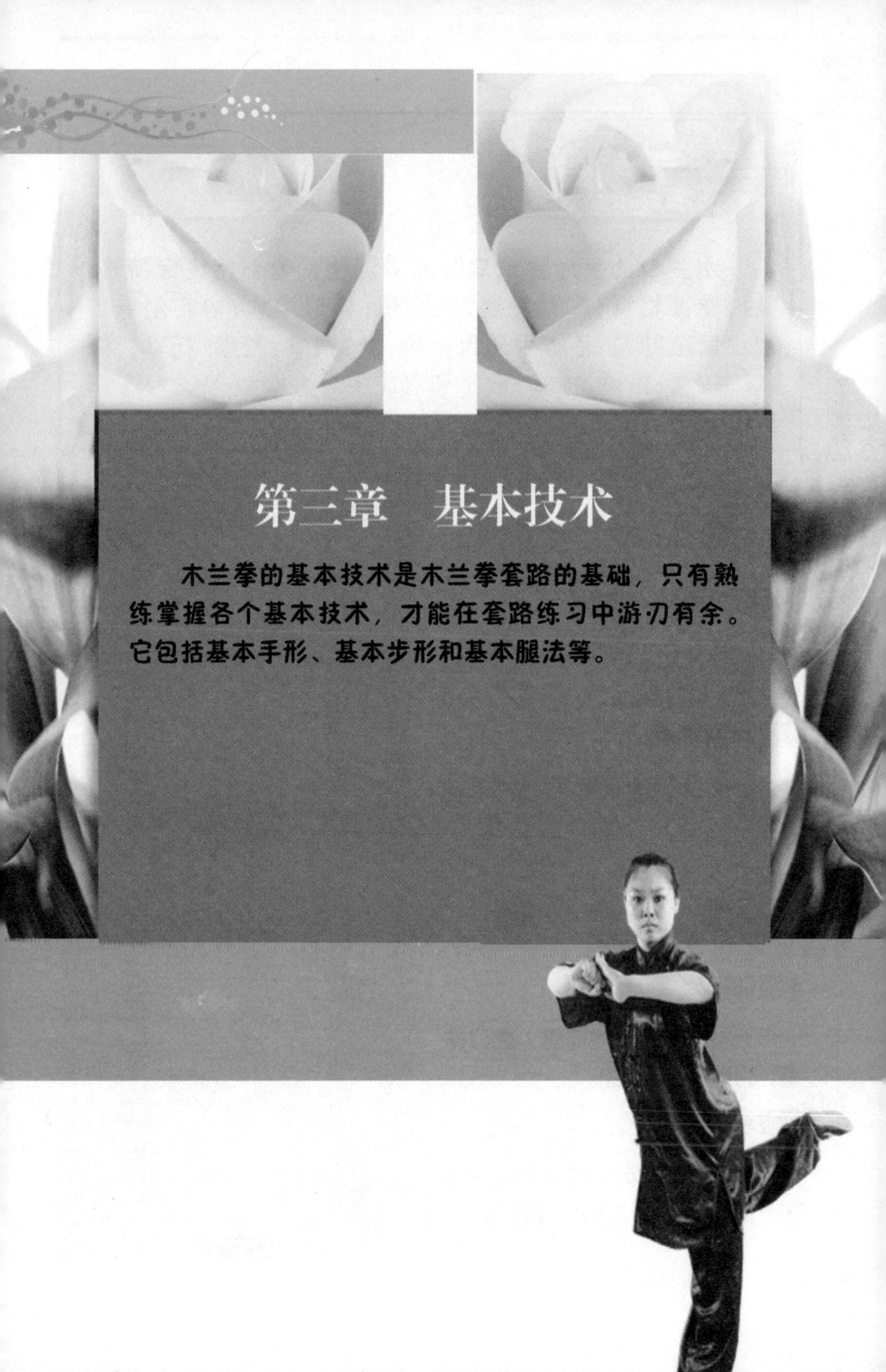

第三章 基本技术

木兰拳的基本技术是木兰拳套路的基础,只有熟练掌握各个基本技术,才能在套路练习中游刃有余。它包括基本手形、基本步形和基本腿法等。

第一节 基本手形

木兰拳的手形要求肩肘向下沉坠，臂部始终保持略屈，拳要松握，掌要舒展、略跷指，外似柔软，内实刚健，"绵里藏针"。基本手形包括拳、掌、请拳、搬拳、托掌、穿掌、按掌、推掌、撩掌、云手和双绞手等。

拳

动作方法 见图 3-1-1

四指卷屈，拇指扣压于食指、中指第二指节上。

技术要点

握拳要松，拳面要平，腕要直。

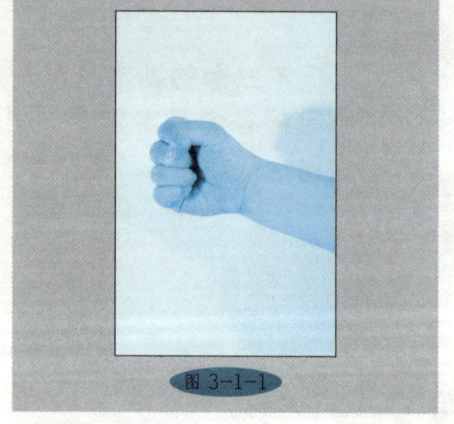

图 3-1-1

掌

动作方法 见图 3-1-2

五指并拢，自然伸直，虎口撑圆，拇指根节略内扣。

技术要点

掌有虚实之分，虚掌要略带窝形，实掌要坐腕、舒掌、略跷指。

图 3-1-2

 请拳

动作方法 见图 3-1-3

左掌掌心与右拳拳面在胸前相抱，两前臂略内旋，高与胸齐，掌、拳与胸部距离 20～30 厘米。

技术要点

（1）掌、拳要贴紧，两臂略内旋撑圆，沉肩，垂肘；
（2）注意掌、拳与胸之间的距离。

图 3-1-3

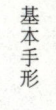

 搬拳

动作方法 见图 3-1-4

一手握拳，前臂外旋向下翻压。

技术要点

握拳要正确，翻压要有一定劲力，以腰带动完成动作。

图 3-1-4

 托掌

> **动作方法** 见图 3-1-5

掌心向上，由下向上托起。

> **技术要点**

托掌要以腰带臂，松肩，略屈肘。

图 3-1-5

 穿掌

动作方法 见图 3-1-6

掌心斜向上，虎口向前，臂由屈到伸。

技术要点

以腰带臂，沉肩，垂肘。

图 3-1-6

 按掌

动作方法 见图 3-1-7

手心向下，自上向下按掌。

技术要点

（1）掌根配合发力，以腰带臂向下按掌；

（2）松肩，略屈肘，掌形要变呈实掌。

图 3-1-7

 推掌

动作方法 见图 3-1-8

掌心向前，臂由屈到伸。

技术要点

（1）推掌路线要与发力方向一致；

（2）推掌时沉肩略屈肘，达到终点时，应逐渐坐腕、舒掌、略跷指呈实掌，注意配合转腰。

图 3-1-8

 撩掌

动作方法 见图 3-1-9

掌心向前上，直臂由后向前撩出。

技术要点

撩出时须有一定劲力，攻可撩击对方腹裆部，防可撩挡对方正面来的拳脚。

图 3-1-9

 云手

动作方法 见图 3-1-10

以腕关节为轴,掌向内或外旋转。

技术要点

掌向内或外旋转时以腕为轴,动作要协调一致。

 双绞手

动作方法 见图 3-1-11

右手在外,两手手心在胸前相对,以腕关节为轴旋转一圈。

技术要点

双掌应以腕为轴,对称翻腕旋转。

图 3-1-10

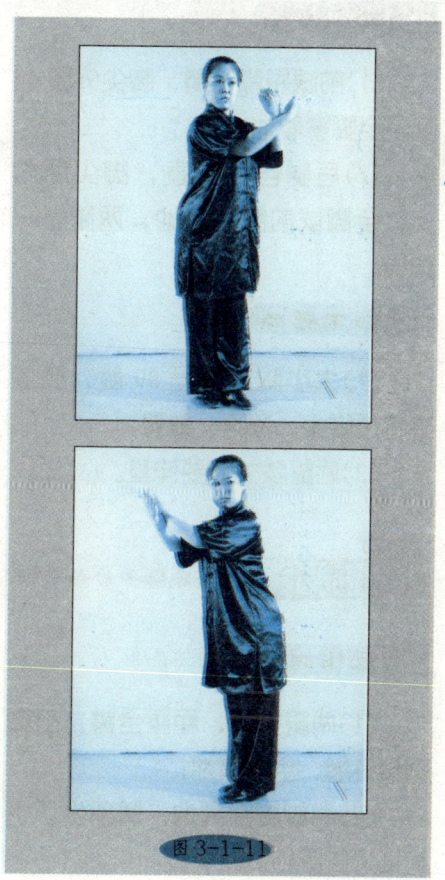

图 3-1-11

第二节 基本步形

木兰拳的步形要灵活协调,踏实脚有五趾抓地生根之意,这有助于整套动作的稳固、连贯。基本步形包括弓步、歇步、虚步、前点步、坐莲步、坐盘、叉步、上步、退步、盖步、插步、后扫步和旋转步等。

弓步

动作方法 见图3-2-1

(1)前腿屈膝半蹲,脚尖外展45度,全脚掌着地;

(2)后腿自然伸直,脚尖略内扣,全脚或前脚掌着地,两腿呈一直线。

技术要点

(1)大小腿折叠呈90度,膝盖不超过脚尖,沉胯、敛臀;

(2)后腿膝关节要伸直。

图 3-2-1

歇步

动作方法 见图3-2-2

(1)两腿交叉,屈膝全蹲,前脚脚尖外展,全脚着地;

(2)后脚脚跟离地,臀部坐于小腿接近脚跟处。

图 3-2-2

技术要点

（1）前脚脚尖外展不可过大，臀部不能完全坐在脚后跟步；
（2）上体正直，松腰、沉胯、敛臀。

虚步

动作方法 见图 3-2-3

（1）后腿支撑，膝略屈，脚尖外展 60 度；
（2）前腿自然伸直，脚尖外展 45 度略点地。

技术要点

（1）支撑腿控制整个身体重心，前脚不可全脚掌着地；
（2）本动作属高虚步动作，重心在后脚，要做到虚实分明。

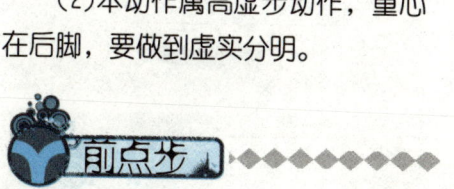

图 3-2-3

前点步

动作方法 见图 3-2-4

（1）后腿支撑自然伸直，脚尖外展 45 度；
（2）前腿自然伸直，前脚掌着地；
（3）前后腿膝关节挺伸，目视前方。

图 3-2-4

技术要点

（1）脚尖前点时注意落步的方向，要沿正前方点出；

（2）身体重心主要在后脚，要做到虚实分明。

坐莲步

动作方法　见图 3-2-5

（1）后脚的前半部分脚掌着地，屈膝全蹲，臀部坐于小腿上；

（2）前腿自然伸直，脚尖外展45度，脚掌外侧着地，膝盖紧贴后腿膝关节内侧。

技术要点

（1）后腿屈膝下蹲与前腿前伸须同时进行；

（2）完成动作时沉胯敛臀，后脚脚掌不可放松蹍动。

图 3-2-5

坐盘

动作方法　见图 3-2-6

（1）两腿交叉叠拢下坐，臀部和后腿的大小腿外侧均着地；

（2）前腿的大腿靠近胸部。

技术要点

（1）两腿交叉时空隙略大些，下坐时直接缓慢地向下坐下；

图 3-2-6

(2)臀部不能坐在腿上。

动作方法 见图 3-2-7

(1)两腿交叉，前脚脚尖外展45度，全脚着地，屈膝半蹲；
(2)后脚前脚掌着地，腿自然伸直。

技术要点

动作完成时，略向右拧腰，上体略侧倾。

图 3-2-7

动作方法 见图 3-2-8

后脚经支撑腿向前迈出，脚尖略外展，脚尖或脚跟着地。

技术要点

上步时动作要缓慢、轻柔，重心要稳，上体要保持正直。

图 3-2-8

退步

 见图 3-2-9

一腿支撑，另一腿经其内侧向后退一步，前脚掌着地。

技术要点

退步时动作要缓慢、轻柔，重心要稳，上体要保持正直。

图 3-2-9

盖步

动作方法 见图 3-2-10

一腿支撑，另一腿经其前方向侧横跨一步。

技术要点

盖步动作要放松自然，迈出距离略小于肩，上体保持正直。

图 3-2-10

插步

动作方法 见图 3-2-11

一腿屈膝支撑，另一腿经其内侧向后横插步，两腿呈交叉状。

技术要点

（1）后插步时，动作要轻松自然，同时身体略向前倾；

（2）重心在前腿，后腿要伸直，虚实要分明。

图 3-2-11

后扫步

动作方法 见图 3-2-12

一腿略屈支撑，另一腿的前半部分脚掌擦地向外、向后弧形摆至体后。

技术要点

（1）后扫步时脚掌擦地，切勿全脚着地扫转；

（2）扫转路线为弧形，动作要连贯。

图 3-2-12

旋转步

动作方法 见图 3-2-13

（1）前腿支撑，后腿屈膝提起；

（2）支撑腿以前半部分脚掌为轴，向内摆转 180 度，同时头、肩、胯以左前掌为轴，左转 180 度。

技术要点

头、肩、胯的转动要自然连贯，并与提膝动作协同完成。

图 3-2-13

第三节 基本腿法

木兰拳的腿法是木兰拳套路动作的重要组成部分，它决定了下肢动作的优美与舒展，以及整个套路的连贯。基本腿法包括上踢腿、前蹬腿、踩莲腿、勾踢、提膝平衡、后举腿平衡、燕式平衡和望月平衡等。

上踢腿

动作方法　见图 3-3-1

一腿支撑，脚尖外展 45 度，另一腿由下向上踢起，脚高于肩。

技术要点

（1）上踢腿要勾脚直腿用力上踢；

（2）支撑腿要挺膝伸直，保持外

图 3-3-1

展 45 度，支撑脚五趾用力抓地，稳住重心。

动作方法 见图 3-3-2

（1）一腿支撑，另一腿屈膝提起，脚尖自然下垂；

（2）小腿向上摆起至胸高时，勾脚尖向前上方蹬出。

技术要点

（1）蹬出腿要提膝绷脚，过胸后瞬间发力，力达脚跟；

（2）支撑脚五趾用力抓地，支撑腿不可晃动，稳住重心。

图 3-3-2

踩莲腿

动作方法 见图 3-3-3

（1）右（左）脚脚尖外展 45 度站立，左（右）腿屈膝提起，脚尖自然下垂；

（2）小腿向上抬起过腰后身体向左（右）转 90 度，同时勾脚尖向外摆腿，脚高于胸。

技术要点

（1）上抬腿提膝绷脚过腰后，勾脚，猛力向外摆腿，动作要连贯；

（2）支撑脚五趾用力抓地，支撑腿不可晃动，稳住重心。

图 3-3-3

 勾踢

动作方法 见图 3-3-4

（1）一腿略屈支撑；

（2）另一脚勾脚尖，屈膝向后摆起，随即脚跟擦地向前或侧面挺膝勾踢。

技术要点

（1）勾腿后摆须屈膝，自然放松，勾踢时要擦地有力；

（2）前踢时，腰部瞬间发力，以带动腿部动作；

（3）支撑腿略屈膝站立，五趾用力抓地，稳住重心。

图 3-3-4

提膝平衡

动作方法 见图 3-3-5

（1）一腿支撑直立；

（2）另一腿体前屈膝提起，脚尖自然下垂内扣，大腿略高于水平。

技术要点

（1）提起腿的膝部尽量上收，大腿尽量靠近胸部，脚背绷直；

（2）支撑腿须挺膝伸直，支撑脚五趾用力抓地，保持重心稳定。

图 3-3-5

后举腿平衡

动作方法 见图 3-3-6

（1）一腿支撑直立；

（2）另一腿屈膝后抬小腿，脚掌朝上，高与臀平。

技术要点

（1）挺腹、开胯、后举腿脚背绷直，脚高于臀；

（2）支撑腿要稳，支撑脚五趾用力抓地，稳住重心，保持上体平衡。

图 3-3-6

燕式平衡

动作方法 见图 3-3-7

（1）一腿支撑直立；

（2）上体前俯略高于水平，挺胸抬头，两手向身体两侧平行撑开；

（3）另一腿向后举起，膝自然伸直，脚面绷平，高于水平。

技术要点

（1）反背弓，挺胸，略塌腰；

（2）支撑腿挺膝伸直，支撑脚五趾抓地，保持重心稳定。

图 3-3-7

望月平衡

动作方法 见图 3-3-8

（1）一腿支撑直立；

（2）上体侧倾拧腰向支撑腿同侧方上翻；

（3）另一腿在身后向支撑腿同侧方上举，小腿屈收，脚面绷平，脚掌朝上。

技术要点

挺胸，塌腰，支撑脚脚趾用力抓地，保持重心稳定。

图 3-3-8

第四章 28式木兰拳

练习28式木兰拳时,心要静,思想要集中,精神要饱满,采用深、长、细、匀的自然呼吸,在意识的引导下,通过眼的随视和注视,使动作和呼吸协调配合,逐步做到"意守丹田"及"气沉丹田。"

第一节 预备势

预备势是28式木兰拳的起势动作。

动作方法　见图4-1-1

（1）自然站立，两脚跟并拢，脚尖略外展呈八字步；
（2）两手臂垂于身体两侧；
（3）目视前方。

技术要点

头颈竖直，下颏略收，身体自然放松。

图4-1-1

第二节 套路动作

28式木兰拳的各势分别为：舒雁展翅、请拳起舞、弹雪金莲、凤凰出巢、彩袖翻飞、推云播雨、百鸟朝凤、丹凤朝阳、鹞子翻身、龙飞凤舞、落花流水、孔雀开屏、嫦娥奔月、左右踩莲、雁落平沙、西施浣纱、左右摇肩、风扫梅花、拨云见日、金蝉脱壳、飞燕扑蝶、宿鸟投林、青鸾飞啸、黄莺落架、猛虎听风、左右浪子踢球、巧坐金莲和请拳谢礼。

舒雁展翅

动作方法 见图 4-2-1

（1）两脚不动，身体略向右转，同时，两臂由下向上摆起，与肩同高，手心向下，头向右转，目视前方；

（2）上动不停，两膝略屈，身体左转45度，同时两手略向上、向后画弧外旋，继而向前摆至体前，与肩同高、同宽，手心向上，目视前方。

图 4-2-1

技术要点

（1）身体右转、左转时，要以腰为轴带动两臂侧举和两臂前摆，动作要协调、连贯；

（2）眼随手动，定式时看前方；

（3）完成动作时，上身要中正安舒，两肩要平行。

请拳起舞

动作方法 见图 4-2-2

（1）两脚不动，身体右转90度，同时两臂向下画弧至腹前，指尖相对，手心向上；

（2）身体左转90度，左脚上步呈虚步，同时两臂向两侧拉开，然后向前、向上内旋画弧，右手拳、

图 4-2-2

左手掌于胸前相抱，目视前方。

技术要点

（1）上下肢动作要协调一致，连贯完整；

（2）左转、右转要以腰为轴带动四肢协调完成动作，做到灵活柔顺；

（3）眼随手动，定式时看前方。

弹雪金莲

动作方法 见图4-2-3

（1）重心移向左腿，两臂略外旋并提至头前；

（2）上动不停，左腿略屈支撑，右腿向体前屈膝摆起，脚尖自然放松，同时两臂外旋下落，手背轻拍右大腿；

（3）上动不停，右小腿前伸，膝略屈，脚尖绷直，同时左臂向前，右臂向后摆起，与肩同高，手心向下；

（4）右脚落步，前半部分，脚掌着地，脚尖外展，同时两肘下沉，坐腕；

（5）上动不停，重心前移，两手掌轻推，目视前方。

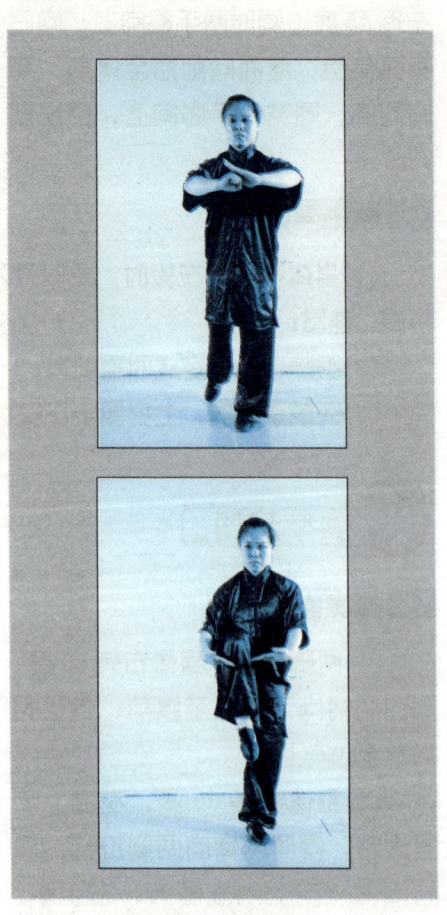

技术要点

（1）两手摆起与弹腿、重心前移与推掌要协调一致，连贯完整；

（2）弹腿时上体要正直，独立要稳定。

图4-2-3

凤凰出巢

动作方法　见图4-2-4

（1）身体略右转，同时左手外旋，手心向上随转体摆至体前；

（2）上动不停，重心后移，左肘略屈；

（3）上动不停，右脚尖内扣，身体左转180度，同时左手臂内旋随转体摆至体前，手心向外，右手外旋屈肘向下收至右胯旁，手心向上；

（4）右腿支撑，左腿屈膝上提，

同时左手架掌置于左侧上方，右虎口向右侧上方穿出，略高于肩，目视右手。

技术要点

（1）身体向左后转动时要以腰为轴；

（2）穿掌、架掌与提膝要协调一致；

（3）提膝时，大腿略高于水平，右腿支撑要稳定。

图4-2-4

动作方法　见图 4-2-5

（1）身体左转 90 度，左腿伸膝外摆，左手握拳外旋向下搬拳，右手向上、向左画弧于左拳上方；

（2）左脚跟落地，身体略左转，同时，两手向下画弧；

（3）左脚尖外展落地，身体左转 45 度，两手同时向下画弧至胯侧，然后重心前移，左拳变掌，向左后方画弧，略高于肩，右手向下画弧至腹前，手心向里；

（4）左腿支撑，右腿向后抬起，脚掌斜向上，高与臀平，同时左手架于左侧上方，右手架向前上方穿出，略高于肩，目视右手。

技术要点

（1）外摆腿与搬拳、穿掌与后举腿要协调一致；

（2）后举腿平衡，保持稳定。

图 4-2-5

推云播雨

动作方法 见图 4-2-6

（1）右脚向右侧 90 度落步，脚跟着地，同时右手内旋下落，左手向左侧略下落；

（2）身体右转 180 度，右脚尖外展，左脚向前上步，脚跟着地，呈左虚步，同时左手向下随转体向前撩出，与肩同高，右手向下、向右、向上架于右前上方，目视前方；

（3）左脚尖内扣，重心后移，右脚跟提起内转，身体右转 135 度，同时左手向上画弧，右手略下落，两指尖相对，手心向外；

（4）右脚向右后 135 度撤步，前脚掌着地，身体右转，同时两臂外旋向下，手心向上；

（5）右脚跟内转落地，身体右转 180 度，重心移向右腿，左脚跟离地外转，同时左手向右画弧至胸前，手心向里，右手向下、向右、向上画弧，与肩同高，手心向上；

（6）左脚上步，前脚掌着地，同时左手略内旋，右手屈肘内收至耳侧，手心向里；

（7）左脚跟内转落地，身体左旋，重心前移呈弓步，同时右手前推，左手下按至右肘下，目视前方。

技术要点

（1）整个动作过程中撤步、上步、扣步、踉转步要与上肢的摆臂动作协调配合，两臂随腰的转动而运转；

（2）整个动作要连贯完整，速度要均匀。

图 4-2-6

动作方法　见图 4-2-7

（1）右脚盖步，身体左转 90 度，同时右手向左上画弧至头上方，手心斜向上，左手至右胸前屈腕；

（2）以两脚掌为轴，身体左转 180 度，重心移向右腿，同时右手向右云转，左手向下按至腹前；

（3）身体继续左转 90 度，同时左手向左摆至左胯旁，右手略向下画弧；

（4）身体略右转，同时左手向上、向右画弧至胸前，右手向下、向左至腹前从左手内侧穿出，两腕交叉，手心向右左两侧；

（5）两手不变，右腿支撑，左腿屈膝提起向左前 30 度蹬出；

（6）左脚脚掌前落着地，脚跟内转落地，重心前移，左腿屈膝，身体左转 45 度呈叉步，同时两手向下、向两侧分开，与肩同高，手心向下，然后沉肘坐腕，指尖斜向上，头向左转，目视左手。

技术要点

（1）转身与云手、叉步与挑掌要同时完成；

（2）蹬腿要过腰，独立要稳定；

（3）整个动作要连贯完整、协调一致。

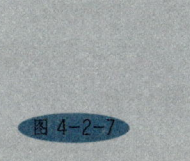

图 4-2-7

丹凤朝阳

动作方法 见图 4-2-8

（1）右脚向右侧 45 度上步，前脚掌着地，身体略左转，同时右臂外旋，手心向上；

（2）右脚跟内转落地，重心前移，身体右转，同时右臂内旋向右画弧至右侧，左手随转体至体前，两手手心向下，高与肩平；

（3）左脚向左斜前方 90 度上步，前脚掌着地，同时两手略向右下画弧；

（4）左脚跟内转落地，重心前移，身体左转，同时右手向下、向左画弧至腹前，手心向里，左手置于胸前，手心向下；

（5）左腿支撑，右腿屈膝向后抬

起，脚掌斜向上，高与臀平，同时左手下按至左胯侧，右手虎口向斜前方穿出，掌心斜向上，目视前方。

技术要点

（1）上步与摆掌、向后举腿与穿掌要上下相随；

（2）上步时重心过渡要平稳，虚实要分明；

（3）两手左右平摆与腰的转动要协调一致，手臂不可僵直。

图4-2-8

鹞子翻身

动作方法 见图4-2-9

（1）身体右转45度，右脚向前落步，脚跟着地，同时右手向右、向后画弧，然后手臂内旋，手心向前推掌，腕与肩同高；

（2）右脚尖内扣，身体左转90度，重心右移，同时左手摆至右肩前；

（3）左脚经右脚后方向右插步，前脚掌着地；

（4）以两脚前掌为轴，身体向左上翻转180度，同时两手随转体向下、向右上画弧，右手于体侧托起，手心向上，与肩同高，左手至头额左前上方架掌，手心斜向上，目视右手。

技术要点

（1）翻身时两臂要走立圆；

（2）插步与翻身动作要连贯，中间不可停顿。

图4-2-9

龙飞凤舞

动作方法 见图 4-2-10

（1）身体左转45度，重心移向左腿，右脚向前上步，前脚掌着地，同时左手外旋从上向左、向下、向后、向上画弧至体左侧，手心向上，右手向上、向前画弧至体前，手心向下；

（2）右脚跟内转落地，同时右手向下画弧至左胯前，手心向内，左手向后、向上、向前画弧至体前，手心向下；

（3）右腿支撑，左脚向前蹬脚高于胸，同时左手下按至左胯前，手心向下，右手向右侧上方穿出，手心斜向上，目视前方。

技术要点

（1）身体左转与两手画弧、蹬腿与穿掌要协调一致；

（2）两臂自然略屈，上下画弧要呈立圆；

（3）蹬腿要高于胸，支撑腿要稳定。

图 4-2-10

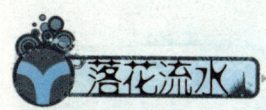

落花流水

动作方法 见图 4-2-11

（1）身体左转 90 度，左脚向前落步，前脚掌着地，同时右手臂内旋下落至右胯旁，左手下落左胯旁；

（2）左脚跟内转落地，重心前移，右脚跟离地，同时两臂向前、向上摆至体前，与肩同高、同宽，自然伸直，手心向下；

（3）重心略后移，身体略右转，右臂屈肘；

（4）重心移至右腿，身体左转，同时右手前推，左手收至胸前；

（5）身体右转，同时右臂屈肘，手心向下，左手外旋，手心向上，两手于体前抱球，略高于肩；

（6）左脚跟内转落地，重心前移，身体左转，同时右手向外云手旋腕，左手向内云手旋腕，两手指尖向上，手心斜向前；

（7）两腿屈膝下蹲呈歇步，身体左转拧腰，同时右手外旋向左下砍掌，手心斜向上，左手收至右胸前，手心斜向下，目视右手前方。

技术要点

（1）手法变换与重心移动、砍掌与歇步要协调一致；

（2）以腰为轴带动手的变换；

（3）整个动作要连贯完整、速度均匀。

图 4-2-11

孔雀开屏

动作方法　见图 4-2-12

（1）两腿蹬起，同时右手内旋向上画弧，左手略向下按；

（2）身体直立，同时两手臂向上画弧至头额前左右上方，两指尖相对，手心斜向外；

（3）右腿经左腿前盖步，前脚掌着地，然后以两脚前掌为轴，身体向左转90度，同时两手向下画弧至体侧，掌心向外；

（4）重心前移至右腿，同时两手向下、向前、向上画弧托起至体前，掌心向上，与肩同高、同宽，目视前方。

技术要点

（1）重心升高与两手上架要上下相随；

（2）两膝屈伸要柔和；

（3）重心移动与两手画弧上托要协调一致，连贯完整。

图 4-2-12

嫦娥奔月

动作方法 见图 4-2-13

（1）重心前移，身体略右转，同时两臂屈肘内收，手心斜向上；

（2）左脚向左前 45 度上步，前脚掌着地，同时两手臂内旋，向下翻掌按至胸前，手心斜向下；

（3）左脚跟内转落地，重心前移，左腿独立支撑，右腿屈膝向后抬起，脚掌斜向上，身体左转，同时左手上架置左额前上方，右手向前推出，高与肩平，目视前方。

技术要点

（1）上下肢动作要协调配合，同时完成；

（2）后抬腿时要屈膝向后抬起，脚面绷平，脚底朝天，脚高与臂平，略挺胸、抬头；

（3）整个动作要连贯。

图 4-2-13

左右踩莲

动作方法 见图4-2-14

（1）右脚向右前45度落步，脚跟着地，同时左手臂外旋下落至体左侧，右臂外旋，两手心斜相对；

（2）右脚尖外展，身体右转90度，同时两手相合在胸前交叉立掌，右手在里，左手在外，目视前方；

（3）重心前移，右腿独立支撑，左腿体前屈膝提起，脚尖自然下垂，两手动作不变；

（4）接上动，左脚绷脚面，小腿向左前上方抬起；

（5）身体左转90度，左脚勾脚尖向左摆腿，两手动作不变；

（6）左脚向左前方落步，脚跟着地；

（7）重心前移，左腿支撑，右腿屈膝提起，脚尖自然下垂，两手动作不变；

（8）接上动，右脚绷脚面，小腿向左前上方抬起；

（9）身体右转45度，右脚勾脚尖向右摆腿；

（10）右脚向前落步，脚跟着地。

技术要点

（1）上下肢动作要协调配合，同时完成；

（2）勾脚尖摆腿的最高点要过胸；

（3）支撑腿要伸直站立，五趾用力抓地，稳住重心。

图 4-2-14

雁落平沙

动作方法 见图 4-2-15

重心前移，右腿独立支撑，左腿向后举起，膝自然伸直，脚面绷平，高于水平，上体前俯略高于水平，两手立掌向两侧平行分开，挺胸抬头，目视前方。

技术要点

（1）要与上 动作左右踩莲连贯起来完成；

（2）上身要前俯、挺胸、抬头，后举腿要提膝绷脚面，脚高于水平，支撑脚五趾用力抓地；

（3）上体前俯、左腿后举与两手侧举平衡要协调一致，同时完成。

图 4-2-15

西施浣纱

动作方法 见图 4-2-16

(1) 左脚向前落步,前脚掌着地,脚尖外展,同时两手向体侧下落,手心向下;

(2) 重心移至左腿,右脚跟离地,同时两臂向体前摆起,自然伸直,手高于肩;

(3) 两臂沉肘坐腕;

(4) 右脚后撤一步,右腿屈膝全蹲,脚跟离地,臀部坐于小腿上,左腿自然伸直,脚尖外展呈坐莲步,同时两臂向下、向里画弧至腹前,指尖相对,手心斜向里;

(5) 下肢不动,上体前俯,两手前伸;

(6) 下肢不动,上体直起,同时两臂外旋,手心向上,屈肘回收至腹前,指尖相对;

(7) 下肢不动,上体略向右转。同时,两手向两侧摆起,与肩同高,手心向下,目视右手;

(8) 下肢不动,上体右转,两臂外旋,两手心向上托起。

技术要点

(1) 上肢与下肢或与转身须协调配合,同时完成动作;

（2）坐莲步时，支撑腿屈膝全蹲，脚跟提起，臀部坐于小腿上，另一腿挺膝前伸，脚尖外展。

图 4-2-16

左右摇肩

动作方法 见图 4-2-17

（1）重心前移，身体左转45度，左腿屈膝，右腿蹬直，脚跟离地呈叉步，同时两臂随转体上托；

（2）上动不停，以腰带臂手腕放松向左、向右，再向左略转摇肩，

随后两手内旋坐腕立掌，目视左前方。

技术要点

（1）摇肩时要以腰为轴带动肩、肘、腕的摆动；

（2）两手与摇肩要协调配合。

图 4-2-17

动作方法 见图 4-2-18

（1）重心前移，左腿独立支撑，右腿膝略屈向前提起，以左脚掌为轴身体左转 135 度，同时右腿随转体里合摆至体前，目视前方；

（2）右脚向前落步，前脚掌着地，同时左手向下、右手向上画弧；

（3）两脚跟离地，以前脚掌为轴向左后转体 135 度，同时两臂随转体立圆绕摆至体两侧，高于肩平，手心向下；

（4）重心移至左腿，右脚跟离地。身体左转 45 度同时，右臂向下、向前画弧摆至腹前，手心向里，左手向上、向右画弧至胸前，手心向下；

（5）右脚向前上步，前脚掌着

地，脚尖外展，重心移向右腿，左脚跟离地，同时右手虎口向前上方穿出，手高于肩，手心斜向上，左手下按至腹前，手心向下；

（6）左脚经右腿后方向右后插步，身体略向左转再向右转，同时右臂内旋向右下画弧，左手经右前臂内侧虎口向前上穿出；

（7）上动不停，两腿屈膝下坐呈坐盘式，身体右转拧腰，同时右手向右下画弧扫至身体右下侧，手心斜向下，两臂自然伸直呈一斜线，目视右手。

技术要点

（1）坐盘与右手下扫要协调一致；

（2）整个动作要连贯、顺畅、完整。

图 4-2-18

拨云见日

动作方法 见图 4-2-19

（1）两脚蹬地，身体直立；

（2）左脚向前上步，前脚掌着地，身体略右转，左臂屈肘向内画弧至胸前立掌，右臂自然下落；

(3）上动不停，身体略向左转，同时右手向左、向上、向右画弧摆至头前上方，掌心向外，左手向右、向下画弧摆至腹前，掌心向下；

（4）上动不停，左脚跟内转落地，重心前移，同时右手向右、向下画弧至体右侧，左手向左、向上画弧至体左侧，两手与肩同高，掌心向下；

（5）上动不停，重心移至左腿，右脚跟离地，同时右手向下、向左画弧至腹前，指尖向左下，掌心向里，左手向上、向右画弧至胸前，掌心向下。

技术要点

（1）两臂要自然弯曲；

（2）松肩沉肘，左右画弧要连贯完整、协调配合。

图 4-2-19

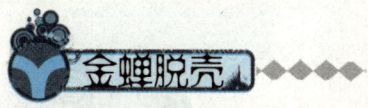

金蝉脱壳

动作方法 见图 4-2-20

（1）左腿独立支撑，右腿屈膝，右脚离地，脚尖自然下垂，同时，左手下按至腹前，右手虎口经左臂内侧上穿至胸前，指尖向左，掌心斜向上；

（2）右脚跟擦地向左斜前方45度勾踢，同时右手向下落至右胯旁，掌心向上，左手虎口经右臂内侧向左前上方穿出，目视左前方。

技术要点

（1）重心前移与两手在胸前画立圆摆动要协调配合；

（2）左手穿掌与右脚勾踢要上下一致，做到手到、脚到、眼到。

图 4-2-20

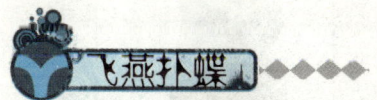

飞燕扑蝶

动作方法 见图 4-2-21

（1）右脚向右前45度落地，前脚掌着地，脚尖外展，身体略右转，同时右手略向后移，左手内旋下落；

（2）左脚向前上步，前脚掌着

地，同时右手向右后画弧摆至右上方，掌心向左，左手向下画弧至左胯前，掌心向下；

（3）右臂屈肘下落至腹前，指尖向下，手心向右，左手向后摆至左后方，掌心斜向后；

（4）右腿屈膝全蹲，左脚外侧向前擦地伸出呈坐莲步，同时右指尖顺左腿向前穿出，手心向右，左手臂向后摆起，掌心斜向上，身体前俯，胸部靠近左腿，目视右手。

技术要点

（1）右手穿掌与右腿屈膝呈坐莲要一致；

（2）整个动作要连贯、完整；

（3）坐莲步要稳。

图 4-2-21

宿鸟投林

动作方法　见图 4-2-22

（1）右腿蹬起，重心前移，左腿屈膝，身体直起略向左转，同时右手臂外旋向前摆起，略低于肩，左手臂外旋向下、向前画弧摆至体前，两掌心相对；

（2）右脚向右前45度上步，前脚掌着地，然后脚跟内转落地，重心前移，左脚跟离地，身体右转，同时右手向左、向下、向前、向上画弧至头前，左手先内旋向外画弧后屈肘外旋收至左腰侧，掌心向前，掌指向下；

（3）右腿独立支撑，左腿屈膝向后摆起呈后举腿，同时右手架掌置于头前上方，左手前推，指尖朝下，掌跟高与胸平，目视左手。

技术要点

（1）上步与两手画弧，左手前推与后举腿要上下相随、协调一致；

（2）动作要柔和优美；

（3）后举腿平衡要稳定。

图 4-2-22

青鸾飞啸

◈ 动作方法   见图 4-2-23

（1）左脚向左前方 90 度落步，前脚掌着地，身体略右转，同时右手随转体向右摆掌，指尖向上，掌心向外，左手内旋画弧至胸前立掌，指尖向上，掌心向外；

（2）重心前移，身体左转，左脚跟内转落地，右脚跟离地，同时左手向下、向左、向上画弧至头左上方，右手向下屈肘收至腰间；

（3）上动不停，右腿经左腿前向左侧盖步，脚尖点地，同时右手虎口向右前上方穿掌，左手至头额左前上方架掌，目视右手。

◈ 技术要点

（1）落步与摆掌，盖步与穿掌要协调一致；

（2）盖步时要提腰，身体略向右倾斜。

图 4-2-23

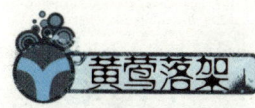

黄莺落架

动作方法 见图 4-2-24

（1）身体左转 90 度，同时左手向左、向下画弧至体前，右手向上、向前画弧至头上方；

（2）两脚跟离地，以脚掌为轴，身体向左后转 180 度，同时右手臂随体转，左臂向下、向左画弧至体左下方；

（3）身体左转 90 度，同时右手向右、向下画弧至体侧，掌心向下，左手向左后方画弧至体侧，掌心向上，目视左手前方；

（4）身体右转，同时左手向上、向前画弧至体前上方，掌心斜向下，右手向下画弧，屈肘收于腹前，掌心向里；

（5）左腿独立支撑，右腿向后抬起呈后举腿，身体左转拧腰，同时右手经左前臂内侧向上、向右架至头额右上方，掌心斜向外，左手随转体向外摆掌至左斜前方，手腕与肩同高，指尖向上，目视左前方。

技术要点

（1）两手摆臂动作要连贯；

（2）后举腿与架、摆掌要协调一致，以腰的转动带动两臂立圆画弧。

图 4-2-24

猛虎听风

动作方法 见图 4-2-25

（1）右脚向右前 45 度落步，脚跟着地，两手下落；

（2）身体左转约 130 度，右脚尖内扣，右膝略屈，左脚跟内转呈虚步，同时右手向左、左手向右画弧交叉于体前，右手在里，左手在外，指尖斜向上，掌心斜向外；

（3）左脚掌向后扫腿，脚尖着地，然后重心后移，同时两手向体侧分掌，腕高于肩，掌心斜向外，指尖向上，目视前方。

技术要点

（1）落步与摆掌，扣脚与合掌，后扫与分掌要协调一致；

（2）整个动作要连贯完整，虚实分明。

图 4-2-25

左右浪子踢球

动作方法 见图 4-2-26

(1) 右脚跟内转落地，重心前移，左脚跟离地，身体略右转，同时右手向左前、向下画弧至腹前，掌心向上，左手向右画弧至胸前；

(2) 身体继续右转，右腿独立支撑，左脚勾脚尖向上踢起高于肩，同时右手向后、向上画弧于头右上方，目视前方；

(3) 左脚向前落步，前脚掌着地，上肢动作不变；

(4) 左脚跟内转落地，重心移向左腿，身体左转90度，同时右手下落至左胸前立掌，左手向下、向左、向上画弧至头左上方架掌；

(5) 左腿独立支撑，右脚勾脚尖向上踢起，脚高于肩，目视前方。

技术要点

(1) 左右转身与踢腿要连贯、协调；

(2) 踢腿速度要快，力达脚跟。

图 4-2-26

巧坐金莲

动作方法 见图 4-2-27

（1）右脚向前落步，前脚掌着地，上肢动作不变；

（2）右脚跟内转落地，重心前移，身体略右转，同时两手外旋下落于腹前，掌心向上；

（3）重心移向右腿，身体略向右转，同时两手向下、向两侧分开，与肩同高，掌心向下；

（4）左脚向前上步，脚尖外展着地，身体略向左转，同时两臂外旋，手心向前；

（5）重心前移，右脚跟离地，身体略左转，同时两手向前摆掌，左手置于右臂内侧，掌心向右，右臂自然伸直，掌心向左，与肩同高，目视前方；

（6）重心后移，右脚跟落地，身体略向右转，同时两臂屈肘，左掌心斜向下，右掌心斜向里；

（7）两腿屈膝全蹲，右脚跟离地，臀部后坐于右小腿接近脚跟处，同时右手臂内旋，向下屈肘收至胸前，手心向前经左手臂下方向前立掌推出，左手臂内旋，上架至头额左前上方，掌心斜向上，目视前方。

技术要点

（1）落步、上步、重心前移、重心后移要虚实分明，平稳不起伏；

（2）转体与摆臂要协调一致，转动以腰为轴；

（3）全蹲、架、推掌要同时完成。

图 4-2-27

请拳谢礼

动作方法 见图 4-2-28

（1）两脚蹬地，身体起立，略向左转，同时左手外旋，向下画弧至左胯侧，掌心向上，右臂外旋，手心向上；

（2）右脚向前上步，前脚掌着地，重心在左腿，同时左手向左、向上画弧至左侧，手略高于肩，掌

079

心向上，右手向左斜下画弧至腹前，掌心向上；

（3）右脚跟内转落步，重心移向右腿，身体右转90度，同时左手向前画弧至体前方；

（4）左脚向前上步，前脚掌着地，重心在右腿；

（5）左脚跟内转落地，重心移向左腿，右脚跟离地，身体左转90度，同时右手握拳，手腕内旋向外、向前画弧至胸前，拳眼斜向下，左手内旋，掌心斜向外；

（6）左腿独立支撑，右腿屈膝向后抬起呈后举腿，身体略左转，同时右拳与左掌在胸前相抱呈请拳式，目视左前方。

技术要点

（1）左右摆臂与请拳要连贯、圆活；

（2）上步与腰的转动要协调配合；

（3）请拳与后举腿同时完成，后举腿要平稳。

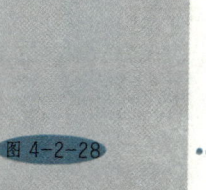

图 4-2-28

收势

第三节 收势

收势是 28 式木兰拳的结束动作。很好地完成此动作，使整套拳法完整、连贯。

动作方法 见图 4-3-1

（1）右脚向右前方落步，前脚掌着地，重心在左腿，同时两手臂外旋，手心斜向上；

（2）右脚跟略外转，重心移向右腿，身体略左转，同时两手向下、向外分开至体两侧与胯同高，掌心斜向前；

（3）左脚跟并向右脚跟内侧，脚尖略外展，两膝略屈，同时两手向上画弧至头前上方，指尖斜向上，掌心斜相对；

(4)两腿自然伸直站立,同时两手臂下落至身体两侧,手心向内,臂自然伸直,目视前方。

技术要点

(1)收势动作要连贯协调、轻松自然;

(2)两臂下落时两腿要缓缓伸膝,同时呼气,目视前方。

图 4-3-1

第四节 套路线路图

套路线路图可以让练习者弄清每个动作的方向，掌握整个套路的线路，这对整个套路动作的准确完成提供了参考。

线路图中(见下图)各个符号的含义分别是：
(1) A 区代表预备式起势位置；
(2) B 区代表收势位置；
(3) "→" 表示动作的运动方向路线；
(4) 三角形里的数字分别表示动作名称的序号；
(5) 三角形的小圆尖角指向练习者的该式胸部朝向。

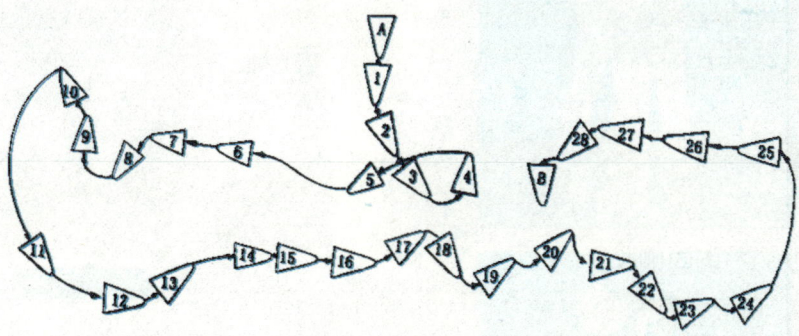

第五章　比赛规则

　　制定各项运动的比赛规则，有助于全民健身运动的深入开展。比赛参与者应该了解运动规则的基本知识，以使自己在比赛过程中游刃有余地发挥技术水平。比赛观赏者也只有在了解基本规则的前提下，才能够充分体验观赏比赛的乐趣。

第一节 比赛方法

参赛选手要按照一定的方法进行比赛,并须遵循一定的规则,以使比赛有序进行。

比赛类型

木兰拳比赛包括个人赛和团体赛。

年龄组别

(1)成年组:18周岁以上(含18周岁);
(2)少年组:12周岁至17周岁;
(3)儿童组:不满12周岁。

套路时间

(1)规定套路时间为3分至3分30秒;
(2)自选套路时间为3~4分钟。

(1)选手听到点名或看到电子屏显示姓名后,应立即进场,待裁判长示意后,即可走向起势位置;
(2)选手身体任何部位开始动作即为起势(计时开始),集体项目在行进间开始动作者,须事先向裁判申明;
(3)选手完成整套动作后,须并步收势(计时结束),再转向裁判长行注目礼,然后退场;
(4)选手应在同侧场内完成相同方向(左右不得超过90度)的起势与收

势,集体项目必须在场内完成起势与收势,方向、位置不限;

(5)选手听到上场比赛的点名和赛后示分时,应向裁判长行抱拳礼。

第二节 裁判方法

在比赛过程中,裁判人员通过履行其职责,进行正确的裁判工作,来保证比赛的公平、公正。

裁判人员

裁判人员包括裁判长和裁判员。其中,裁判长1名,裁判员5~7名。

评分标准及方法

评分标准

最高得分为10分,评分标准如下:

个人项目评分标准

(1)动作正确、方法清楚,分值为4分,不符者视轻重程度扣0.1~2分;
(2)造型优美、舒展大方,分值为2分,不符者视轻重程度扣0.1~1分;
(3)运劲顺达、动作协调,分值为2分,不符者视轻重程度扣0.1~1分;
(4)特点明显、风格突出,分值为1分,不符者视轻重程度扣0.1~1分;
(5)精神集中、舞乐和谐,分值为1分,不符者视轻重程度扣0.1~1分。

集体项目评分标准

(1)内容评分。内容充实、木兰拳的风格和特点突出,此项分值为4分。
(2)质量评分。动作正确、姿势舒展、动静分明、精神贯注、技术熟练。

此项分值为 3 分(规定套路此项分值为 4 分)。

(3)配合评分。动作整齐、舞乐和谐、服装统一，此项分值为 2 分。

(4)编排评分。编排新颖、队形多样、变化有序，此项分值为 1 分(规定套路没有此项分值)。

评分方法

裁判员扣分方法

裁判员根据选手的技术水平，按照比赛项目的评分标准扣分，在各类分值中减去错误动作的扣分，即为选手的得分。

(1)没有完成套路，中途退场，该套路不予评分；

(2)每出现一次遗忘现象，扣 0.1～0.3 分；

(3)服饰影响动作，每出现一次失误，扣 0.1～0.4 分；

(4)每出现一次晃动或附加支撑，扣 0.1～0.3 分，每出现一次倒地，扣 0.5 分。

裁判长扣分方法

(1)重做扣分有以下几种情况：

①选手因客观原因造成比赛中断，可申请重做一次，不予扣分；

②选手在比赛进行中因受伤中断比赛，经简单治疗即可继续比赛的，可申请重做，但应扣 0.5 分，如果不能继续比赛，则按弃权处理；

③选手因失误或动作遗忘等原因造成比赛中断者，可申请重做，但应扣 1 分。

(2)规定套路时间以规定套路规定时间为准，每超过或少于规定套路时间满 5 秒扣 0.1 分，依此类推；

(3)规定套路每遗漏、增加或改变一个动作扣 0.3 分；

(4)动作方向与规定不符，角度超过 45 度(含 45 度)，每出现一次扣 0.1 分。

应得分的确定

（1）去掉裁判员所评的一个最高分和一个最低分，剩余评分的平均值为选手的应得分；

（2）选手的应得分取到小数点后两位数。

 最后得分的确定

裁判长从选手的应得分中再扣除裁判长对其他错误的扣分数，即为选手的最后得分。

 名次评定

一般情况

（1）个人单项按比赛的成绩高低排列名次，得分最高者为该单项的第一名，次高者为第二名，依次类推；

（2）集体项目中得分最多者为该项的第一名，次多者为第二名，依次类推。

得分相等时

（1）个人单项得分相等时，看去掉的两个无效分数，高无效分数高者列前，如果高无效分数相等，则以低无效分数高者列前，如仍相等，则按名次并列；

（2）个人全能得分相等时，以获得单项第一名较多者列前，如仍相等，则以获得第二名较多者列前，依次类推；

（3）团体总分相等时，以全队在比赛中获得单项第一名较多者列前，如仍相等，则以获得第二名较多者列前，依次类推。